CATALOGUE

D'OBJETS D'ART

et de Curiosité

FERS ET BRONZES ANCIENS

FAIENCES ITALIENNES

PORCELAINES DE SÈVRES, DE SAXE, DE CHINE ET DU JAPON

MARBRES ET TERRES CUITES

ÉTOFFES, VITRAUX ET MEUBLES ANCIENS

DONT LA VENTE AUX ENCHÈRES PUBLIQUES AURA LIEU

HOTEL DROUOT, SALLE N° 1

Le Mercredi 14 Février 1866

A DEUX HEURES.

Par le ministère de M° **CHARLES PILLET**, Commissaire-Priseur,
rue de Choiseul, 11,

Assisté de M. **ARONDEL**, Expert, rue de Choiseul, 16,

Chez lesquels se trouve le présent Catalogue.

EXPOSITION PUBLIQUE

Le Mardi 13 Février 1866, de une heure à cinq heures.

CONDITIONS DE LA VENTE

Elle sera faite au comptant.

En sus des enchères les acquéreurs payeront *cinq pour cent.*

L'exposition mettant le public à même de se rendre compte de l'état des objets, il ne sera admis aucune réclamation une fois l'adjudication prononcée.

Paris. Imp. PILLET FILS AÎNÉ, rue des Grands-Augustins, 5.

Vente du Mercredi 14 Février 1866

OBJETS D'ART

ET CURIOSITÉS

EXPOSITION PUBLIQUE :

Le Mardi 13 Février 1866

EXEMPLAIRE D'ALFRED BEURDELEY

Mᵉ Ch. PILLET, Commissaire-Priseur

M. ARONDEL, Expert

PARIS. — IMPRIMERIE PILLET FILS AINÉ
5, RUE DES GRANDS-AUGUSTINS

DÉSIGNATION
DES OBJETS

Fers et Bronzes

1 — Un lustre en fer, feuillages et fleurs peintes et dorées.

2 — Une pièce de canon du XVIᵉ siècle, avec devise et figures allégoriques sur son ancien affût.

3 — Modèle de pièce de canon de Songis, à Châlons, le 5 mars 1795.

4 — Un autre petit canon.

5 — Un canon de Pernetti fondu à Metz, le 17 janvier 1816.

6 — Un marteau de porte en fer ciselé, grenouille portée par des couleuvres.

7 — Un autre marteau de porte formé par des serpents.

8 — Un coffret en bronze italien; couvercle repoussé.

9 — Deux petits sphynx en bronze.

10 — Un flambeau de bouillotte. Époque Louis XVI.

11 — Un médaillon en étain.

12 — Un coffret en fer avec app liques en bronze, serrure secret.

13 — Une lanterne en cuivre gravée et repercée à jour.

14 — Une épée à deux mains, garde à jour.

15 — Épée à coquille repercée, ciselée et armoriée.

16 — Épée de cour, pommeau et garde en fer ciselé.

17 — Une épée à coquille repercée à jour.

18 — Une petite dague, manche à chaînette en fer découpé Travail italien.

19 — Une dague espagnole, lame triangulaire gravée, dorée.

20 — Un poitrinal à rouet, incrustations d'ivoire.

21 — Une masse d'arme en fer, le manche fleurdelisé.

22 — Un très-beau trépied en fer repoussé. Très-beau modèle.

23 — Un encrier en bronze florentin, forme pied.

24 — Groupe en bronze. Enlèvement d'Europe.

25 — Groupe en bronze. Enlèvement de Déjanire.

26 — Un socle bronze florentin, à trois cariatides.

27 — Un petit bronze florentin, Jupiter.

28 — Deux très-beaux vases repoussés et arg   Époque
Louis XIII.

29 — Une théière en bronze repoussé; bec à chimères, anses à têtes d'enfants.

30 — Deux flambeaux Louis XVI.

31 — Une paire d'appliques en bronze. Époque Louis XVI.

32 — Une garniture de commode Louis XVI.

Faïences italiennes

33 — Un grand vase à anses, de l'ancienne fabrique d'Ariano, représentant un hibou. Pièce très-rare et très-intéressante pour collection. Haut. 65 cent.

34 — Belle paire de potiches d'Urbino, ornées de deux médaillons entourés d'arabesques.

35 — Très-belle paire de cornets de Castel-Durante, très-fins de dessin et d'émail.

36 — Autre paire de la fabrique d'Urbino, arabesques jaunes sur fond bleu, très-fin d'émail.

37 — Autre paire de cornet, un grand cornet monté en bois, fabrique d'Urbino, ornés de deux beaux médaillons et très-fins d'émail.

38 — Deux beaux plats encadrés de la fabrique de Castelli. Sera divisé.

39 — Six plats persans. Sera divisé.

Porcelaines

40 — Six assiettes, porcelaine de Chine.

41 — Deux bouteilles forme ovoïde, porcelaine de Chine.

42 — Théière en chine, monture à griffes et têtes de lions.

43 — Deux vases ancien Japon bleu et blanc, forme évasée.

44 — Deux vases ancien japon bleu et blanc, forme lisbée.

45 — Cinq assiettes pâte tendre, dépareillées.

46 — Vingt-quatre assiettes pâte tendre de Chantilly.

47 — Un bol vieux chine, famille verte.

48 — Quatre plateaux ancien japon, octogones.

49 — Deux plats de chine, mandarins. Bords vermicellés d'or.

50 — Deux coupes en chine, à six pans.

51 — Cabaret vieux vincennes, composé de cinq pièces.

52 — Un grand plat porcelaine de Sèvres, fond blanc et or.

53 — Une soupière vieux saxe, avec son plateau gaufré.

54 — Un socle porcelaine de Saxe, à huit pieds, avec divers objets en porcelaine de Sèvres pâte dure.

55 — Deux jardinières à pans, en vieux japon.

56 — Statuette en vieux saxe : un Turc.

57 — Un socle porcelaine de Sèvres, fond bleu, bronze doré.

58 — Une statue équestre en biscuit d'ancien sèvres, sur un socle en porcelaine, ancien bleu.

59 — Bidet en vieux sèvres, décors oiseaux.

60 — Coupe vieux japon, belle et rare qualité, monture en bronze.

61 — Une coupe vieux chine, montée sur piédouche, bronze doré, or moulu.

62 — Un beau vase porcelaine, blanc et or avec anses.

63 — Un vase blanc, ancienne porcelaine de Saxe.

64 — Deux gros vases japon avec couvercle, une très-grande coupe en céladon vert, monture en bronze doré.

65 — Une tasse en vieux sèvres, pâte tendre à bande or et bleu.

66 — Une tasse vieux sèvres, pâte tendre, fond bleu, décor à bouquets de roses.

67 — Un moutardier avec soucoupe, pâte tendre.

68 — Une tasse vieux sèvres, décor d'arabesques.

69 — Douze très-belles assiettes vieux chine.

70 — Un lot considérable de socles. Sera divisé.

Étoffes

71 — Une tenture ancienne de perse.

72 — Deux robes chinoises brochées soie et or.

73 — Deux salliers chinois.

74 — Deux coupons de gros de Tours, brochés argent. Ensemble 4 mètres.

75 — Un dessus de canapé en tapisserie au petit point.

76 — Cinq morceaux gros de Tours fond blanc, fleurs de couleurs brochées.

77 — Deux magnifiques panneaux satin blanc, fleurs brodées.

78 — Une belle portière satin vert choux. Époque Louis XV. Longueur 2^m 22 cent.

79 — Quatre tapisseries de Beauvais. Jeux d'enfants, magnifiques de conservation.

80 — Magnifique portière velours de soie, étoffe italienne.

81 — Un écran soie brodé en or.

82 — Une robe gros de Tours fond blanc broché.

83 — Un lot de coupons divers.

84 — Un rideau moire jaune broché. Hauteur 2^m 90 cent.

85 — Cinq rideaux chinois fond blanc, dessin broché.

86 — Une robe chinoise fond noir avec dragons brodés en or.

87 — Un lot de morceaux.

88 — Un lot de damas de soie jaune, 9 mètres environ.

89 — Un coupon de soierie chinoise jaune à rosaces, 7 mètres.

90 — 16^m 50 cent. de soie fond jaune impérial.

91 — Deux coupons de moire blanche et or brochée.

92 — Un couvre-pieds chinois broché en soie fond lilas. 2 m. 35 cent. sur 1 m. 75 cent.

93 — Un coupon fond vert à rosaces, broché d'or. Longueur 7 m. 15 cent.

94 — Un petit tapis de table de 1 m. 10 cent. carré.

95 — Un coupon fond jaune, dessin vert, 2 m. 25 cent.

96 — Un coupon damas de Lyon. 20 mètres environ.

97 — Une écharpe chinoise.

Meubles

98 — Deux écrans, dont un incomplet et un autre un écran en bois sculpté peint. Louis XVI.

99 — Deux cadres en bois sculpté et doré, Louis XIII.

100 — Deux beaux chenets en bronze, Louis XIV. Figures d'enfants.

100 bis — Une pendule en lapis et mosaïque.

101 — Un bureau bois de rose Louis XV.

104 bis — Un Christ en ivoire.

Terres cuites et Marbres

102 — Deux statuettes en terre cuite, Faunes et Bacchantes.

103 — Vases en lumachelle, forme étrusque.

104 — Deux socles en marbre blanc.

105 — Un buste marbre blanc; Monsieur, frère du roi.

106 — Petit buste, jeune fille.

107 — Sous ce numéro divers objets qui seront vendus par lots.

Vitraux

108 — Deux sujets : l'un la Décollation, l'autre Hérodiade.

109 — Deux vitraux : l'un saint Georges, l'autre le Serment
des Suisses.